AF343931

LAURENT DE L'ARDÈCHE

ANCIEN MEMBRE DES ASSEMBLÉES CONSTITUANTE ET LÉGISLATIVE
(1848-1849)

SA VIE ET SON ŒUVRE

PAR

M. GUSTAVE DUGAT

PARIS

IMPRIMERIE ADMINISTRATIVE DE PAUL DUPONT
41, RUE JEAN-JACQUES-ROUSSEAU, 41

1879

LAURENT DE L'ARDÈCHE

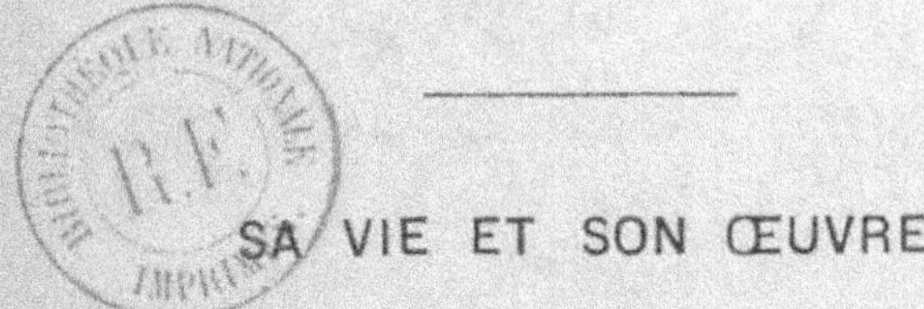

SA VIE ET SON ŒUVRE

PAR

M. GUSTAVE DUGAT

PARIS

IMPRIMERIE ADMINISTRATIVE DE PAUL DUPONT

41, RUE JEAN-JACQUES-ROUSSEAU, 41

—

1879

LAURENT DE L'ARDÈCHE

SA VIE ET SON ŒUVRE

———

A voir la sérénité avec laquelle les saint-simoniens ont laissé passer toutes les attaques, les railleries, les moqueries, les inepties dont ils ont été assaillis, il fallait qu'ils eussent une conviction bien profonde dans le triomphe de leur doctrine. Ils savaient, du reste, mieux que personne, ce qui manquait à la Société pour qu'elle comprît les idées d'avenir qu'ils venaient annoncer et propager.

Aujourd'hui leurs principales idées sont acceptées et en voie de se réaliser :

Le classement selon la capacité est devenu un lieu commun, quoiqu'il y ait encore beaucoup à faire pour éloigner les frélons et les mouches du coche de l'atelier du travail ;

La rétribution selon les œuvres est acceptée en principe, et en fait cette idée a conduit quelques

patrons à faire participer leurs ouvriers à leurs
bénéfices ;

Les abus de l'hérédité signalés avec tant de force
par l'école, ont appelé l'attention des législateurs qui
s'occupent de réduire quelques degrés au profit de
l'Etat ; car on peut hériter jusqu'au 12ᵉ degré de
parenté ;

L'amélioration du sort des femmes, tant préconisée
par les saint-simoniens, est à l'ordre du jour : n'avons-
nous pas commencé leur émancipation en créant des
écoles d'instruction professionnelle et autres ?

Les grands travaux publics qu'ils ont provoqués
non-seulement en France, mais en Europe, sont
poussés avec activité de nos jours. La transformation
de Paris est une idée saint-simonienne exposée en 1831
par Michel Chevalier ; le percement de l'isthme de
Suez, projet auquel a travaillé avec tant de ténacité
Henri Fournel dès 1834, a été réalisé par Ferdinand
de Lesseps, qui ne manquait jamais d'assister aux
conférences des saint-simoniens en Egypte.

Le spectacle que nous offre le désordre moral de la
Société actuelle, en présence de l'agonie de la religion
officielle, impuissante à conduire les hommes vers
leur destinée, prouve bien que les saint-simoniens
avaient raison de proclamer un nouvel idéal religieux,
une transformation du christianisme. La rénovation
sociale ne pourra être définitive qu'au moyen de
l'établissement d'une religion nouvelle qui s'esquisse
peu à peu et pour ainsi dire à notre insu et dont le
prélude doit être un accord, un lien commun entre les
possesseurs et les déshérités.

Parmi les hommes dont la sérénité n'a jamais été

troublée, dont la foi dans le triomphe des idées saint-simoniennes est restée inébranlable, il faut remarquer Laurent de l'Ardèche. Son existence mouvementée s'est trouvée mêlée aux luttes politiques, aux travaux philosophiques des trois premiers quarts de ce siècle. Un devoir était imposé à mon amitié pour lui, celui de retracer cette vie ardente, de faire connaître sa foi inaltérable. Les détails qui vont suivre ont été puisés en partie dans des notes un peu informes, rassemblées par Laurent lui-même et qui devaient servir à faire ses mémoires.

I

Laurent (Paul-Marie), dit Laurent de l'Ardèche, naquit à Bourg-St-Andéol (Ardèche), le 14 septembre 1793, dans une famille modeste attachée aux traditions religieuses et monarchiques. Elevé dans ce milieu, il apprenait l'histoire de la Révolution de manière à la lui rendre odieuse. Il entendait parler tous les jours de la fameuse et sanguinaire commission d'Orange (Vaucluse) (1). Il reçut ses premières leçons d'écriture et de grammaire d'un ex-abbé.

Il passa le temps qui s'écoula entre le 18 fructidor (4 septembre 1797) et le 18 brumaire (9 novembre

(1) La ville d'Orange est située au pied d'une montagne. Cette situation fit faire un horrible jeu de mots aux révolutionnaires sanglants d'alors : « Les têtes en tombant saluaient la *montagne* ».

1799) à étudier la grammaire française et l'arithmétique au collége du Bourg-St-Andéol, dirigé par un laïc. En 1801 la direction de ce collége ayant été confiée à un prêtre de Viviers, l'abbé Barre, enrôlé dans la milice de Loyola, Laurent lui fut redevable du goût qu'il sut lui inspirer pour l'étude du latin et de l'histoire.

A 18 ans, il commença des études sérieuses. L'histoire, la politique, la philosophie l'attiraient particulièrement. Il entreprit un résumé des diverses écoles grecques qui, avant Platon, sous des formes et des noms différents, lui paraissaient n'enseigner au fond qu'une même doctrine, le matérialisme, vers lequel il inclinait lui-même.

Mais le moment va venir où la politique, qui a été l'aliment de toute sa vie, sera l'objet de ses préoccupations constantes.

Dès les premiers jours de 1815 on s'aperçut de la fragilité du trône des Bourbons ; ce replâtrage de l'ancien régime rendit possible le retour de l'île d'Elbe. Napoléon ne pouvait guère compter sur les vieux amis de la République pour défendre sa cause qui leur était odieuse depuis le 18 brumaire. Mais quand la patrie fut en danger, l'esprit national l'emporta sur l'esprit de parti chez les républicains les plus fermes, tels que Carnot.

Parti du golfe Juan le 1ᵉʳ mars 1815, Napoléon rentrait sans coup férir à Paris le 20 du même mois, porté par les acclamations enthousiastes du peuple et de l'armée. Ses décrets datés de Lyon et remettant en vigueur les décrets de l'Assemblée constituante pour l'abolition de la noblesse avaient eu une grande part dans l'explosion de ce mouvement populaire.

Laurent venait de perdre sa mère. Ce cruel événement lui fit songer à quitter le sol natal pour aller étudier le droit à Grenoble. Mais les événements lui firent retarder l'exécution de son dessein. Il fut choisi par ses concitoyens, avec un vieux capitaine, pour aller porter à l'Empereur à Paris une adresse de dévoûment à l'ordre nouveau.

Il partit pour Paris, muni d'une lettre que lui avait remise le Dʳ Augier pour son fils Victor Augier (le père d'Emile Augier) qui avait quitté Aix où il étudiait le droit, se rendant à Paris, à la suite de Napoléon, avec un de ses camarades Barbaroux, fils de l'illustre girondin de 1793. Laurent se lia intimement avec ces jeunes gens et avec un de leurs camarades, Emile Teulon de Nimes. A leurs études de droit, de littérature, de philosophie, ces jeunes gens mêlaient une grande préoccupation politique, comme Laurent, et ils avaient accepté la devise du *Patriote de 1789*, publié par Méhée de la Touche : *La patrie avant tout, et que m'importe Napoléon !* La pensée de Laurent était la leur : républicains au fond du cœur, quoique rattachés accidentellement à l'Empire.

Laurent et le vieux capitaine ne purent remettre l'adresse de l'autorité municipale de leur commune à l'Empereur lui-même : Napoléon avait quitté Paris pour se mettre à la tête de son armée sur la frontière belge. Laurent remplit son mandat en remettant l'adresse à l'archi-chancelier de l'Empire Cambacérès, qui leur dit : *Il faut se fédérer.*

Laurent entra dans la fédération parisienne avec ses

nouveaux amis. Survint la catastrophe de Waterloo. Il n'y eut alors qu'un cri pour demander le développement de la fédération et pour l'affiliation des fédérations provinciales à celle de la capitale. Laurent et ses amis se firent donner des pouvoirs à la société parisienne pour poursuivre cette œuvre patriotique.

Après le désastre de Sedan, on se fédéra aussi en France; mais ce n'était plus au nom de Napoléon, mais au nom de la Nation, qu'on chercha à relever les ruines que l'idée dynastique avait amoncelées.

Laurent partit pour le Bourg-Saint-Andéol dans les premiers jours de juillet 1815. Le Midi était alors livré au royalisme ; le pillage, l'assassinat étaient partout. Cette situation lui fit quitter le Bourg; il partit pour Grenoble et y prit sa première inscription de droit.

L'ordonnance du 5 septembre 1816 qui dissolvait la fameuse Chambre introuvable réjouit les patriotes autant qu'elle contrista les royalistes énergumènes. Le 20 septembre 1816 il y eut des missions dans les départements pour ranimer la foi catholique. Des persécutions s'en suivirent. A la suite de l'acte du 5 septembre, il y eut des réjouissances parmi les patriotes et certains conflits avec les royalistes. Laurent fut condamné à quatre mois de prison pour avoir pris part à un soi-disant complot ayant pour but le renversement du Gouvernement d'alors.

Ce fut pendant son séjour à Grenoble comme étudiant que la conspiration Didier éclata, le 4 mai 1817. Le lendemain on ne rencontrait dans les rues que des prisonniers traînés par des cavaliers et qui allaient attendre dans les prisons leur comparution devant un Conseil de guerre qui les envoya par douzaines à la mort. La ville était chaque jour traversée par des charrettes chargées de cadavres. Cet affreux spectacle rendit à Laurent le séjour de Grenoble insupportable. Il revint au Bourg, laissant la cour prévôtale fonctionner à Grenoble.

Dans les premiers jours de novembre 1817, il revint à Grenoble pour y reprendre son cours de droit. Pendant son séjour dans cette ville il fut reçu membre d'une Société secrète, l'*Union*, dont faisait partie active Champollion le jeune, celui qui devint l'illustre savant égyptologue. La loi électorale du 5 février 1817, première étape du suffrage populaire, porta ses fruits en 1819 ; des notabilités républicaines, entre autres Grégoire, furent élues dans l'Isère. Laurent fut chargé à cette époque de la rédaction du *Journal libre de l'Isère*. Il termina son cours de droit en 1819 et se fit inscrire sur le tableau des avocats de Grenoble.

Vers 1818, la jeunesse française, parvenue à la virilité depuis la chute de l'Empire, commença son mouvement politique en accourant de toutes les carrières dans les rangs du libéralisme. Ce mouvement se manifesta d'abord autour de la chaire des professeurs dont l'enseignement était empreint des doctrines de la philosophie moderne ou laissait apercevoir des tendances démocratiques : Cousin, Andrieux, Bavoux. En 1818, la France libérale ne conspirait pas encore sérieusement. Le ministère Dessoles et Gouvion-Saint-Cyr avait apaisé les ressentiments et ravivé les espérances des patriotes. Tout en s'abstenant de complot, on sentait le besoin d'agir de concert pour obtenir des concessions libérales.

A ce moment, Bazard, à peine âgé de vingt-quatre ans, fonda la *Loge des Amis de la vérité*, avec le concours de trois autres employés de l'octroi de Paris, plus jeunes que lui. Ces commis obscurs étaient destinés à remuer bientôt la France entière en prenant le gouvernement secret de l'opposition et en dirigeant, sous le couvert des affiliations, les notabilités politiques. En moins d'un an, la loge se composa de mille membres. Plus tard son histoire se lia étroitement à celle des sociétés secrètes et des conspirations.

La Société *L'Union*, qui conservait son principal foyer à Grenoble, même après l'affiliation des hommes politiques les plus considérables de la capitale, se répandait du lieu de son origine dans les départements voisins. Dès les premiers mois de 1819, elle comptait des initiés dans les Hautes-Alpes, l'Ain, le Rhône, l'Ardèche, la Haute-Loire, Vaucluse, la Drôme, le Lot. Des officiers d'artillerie et du génie en faisaient partie à Valence et à Lyon. Cette société s'abstint de ce qui aurait pu excéder *l'action morale*, à laquelle ses fondateurs l'avaient expressément réduite, attendant tout du jeu régulier des institutions. Cette tendance des libéraux à se rapprocher de l'autorité, dès qu'elle ne craindrait plus de venir elle-même au-devant du parti national, se fit remarquer à l'occasion des fêtes qui furent célébrées à la fin de 1818, pour le départ des troupes étrangères.

Champollion le jeune avait fait appeler Laurent à la rédaction du *Journal libre de l'Isère*, où il prit parti pour la candidature de Grégoire. La Chambre des députés annula son élection. L'article virulent que Laurent publia contre cet attentat parlementaire le fit traduire devant les assises. La Cour proclama son acquittement à six voix contre six.

La vie politique était assez calme en 1819, mais elle ne tarda pas à être vivement agitée par la retraite des ministres Gouvion-Saint-Cyr et Dessoles et par la proposition du pair de France Barthélemy contre la nouvelle loi électorale. Cette proposition fut bien rejetée, mais l'assassinat du duc de Berry, le 13 février 1820, vint rendre aux ultra-royalistes toute leur ferveur réactionnaire.

Le 20 mars 1820, une révolution militaire avait renversé le pouvoir absolu en Espagne. Le succès des révolutionnaires espagnols exaspéra les royalistes et leur fit songer à une intervention française.

Le mouvement réactionnaire qui avait déjà renversé M. Decazes, allait dominer sans obstacle à la Cour. Il en résulta une surexcitation révolutionnaire dans toute la France. La Société *L'Union* modifia ses statuts et l'armement obligatoire des initiés remplaça la déclaration pacifique placée en tête de la constitution primitive. Une Société secrète fut fondée s'adjoignant les classes inférieures. Cette association s'appela *La Ligne*.

M. Bérenger de la Drôme, père du sénateur qui a apporté son talent oratoire à la fondation de la troisième République, était un des membres les plus importants de l'*Union* et il lutta activement contre l'esprit réactionnaire qui était triomphant. La session de 1820 fut close, après le vote de diverses lois rétrogrades contre la liberté des personnes et des écrits. On craignait la préparation de nouvelles mesures contre les franchises constitutionnelles.

M. Cousin, qui était aussi membre de l'*Union*, avait été chargé par un groupe de libéraux parisiens de porter à l'*Union* grenobloise le secret d'un complot qui se

tramait à Paris et dont il s'agissait d'appuyer et d'étendre les ramifications dans la capitale du Dauphiné.
M. Cousin ne se présenta pas comme agent de la conjuration, il se donna plutôt l'allure d'un homme sans
lien direct avec les conjurés. Il descendit chez M. Bérenger. Ce complot fut découvert, des arrestations
furent opérées. M. Cousin passa prudemment en Italie,
où il allait faire quelques recherches dans les bibliothèques. M. Rey partit pour la Savoie.

La révolution maîtresse de l'Espagne s'empara de la
Sardaigne et du Piémont dans les premiers mois de
1821 : Santarosa imita Quiroga. Dans les sociétés
secrètes de France, on ne parla plus que d'imiter les
Espagnols et les Piémontais.

A cette époque deux jeunes gens, Joubert et Dugied,
l'un beau-frère, l'autre ami intime de Bazard, firent le
voyage de Naples pour bien étudier le carbonarisme,
dont ils apportèrent les statuts en France. En peu de
mois, cette institution eut remplacé les agrégations
secrètes formées sous différents noms pour combattre
les vieux régimes et les vieilles aristocraties.

L'introduction du carbonarisme en France s'exécuta
rapidement ; mais l'insuccès des révolutions d'Espagne
et du Piémont démontra bientôt que cette nouvelle arme
des peuples contre les mauvais gouvernements peut
s'émousser. Dès 1833 il était évident que la société secrète n'est pas toujours une puissance contre les pouvoirs illégitimes ou tyranniques.

La réaction royaliste ne resta pas oisive. Les lois
contre la presse et la liberté individuelle furent rigoureusement appliquées. Les conseils de guerre eurent
bientôt à juger des complots militaires qui amenèrent

de nombreuses exécutions. Que de sang répandu depuis la fin de l'année 1820 jusqu'à l'expédition d'Espagne !

Laurent, réfugié dans un pensionnat de Grenoble pour y enseigner la rhétorique et la philosophie, vit cet établissement fermé. Il se retira au Bourg en 1822, après la dispersion des sociétés secrètes et l'écrasement du parti libéral en France et en Italie. Il se fit avocat consultant au Bourg, où il occupait une chambre dans l'ancienne maison du commandant de la ville, et où le roi Louis XIII avait couché, lors de son voyage dans le Vivarais, quand il vint assiéger Privas. Laurent tenait peu à sa profession de jurisconsulte, il avait les yeux tournés vers Paris.

Vers la fin de 1824, il reçut une lettre de Paris par laquelle on lui proposait de faire le *Résumé de l'histoire du Dauphiné*.

À cette époque les libraires Lecointe et Duret, guidés par Félix Bodin, avaient entrepris la publication des résumés historiques. Ils venaient de décider de faire pour les provinces de France, ce qu'ils avaient fait pour les grands États républicains ou monarchiques. Laurent passa l'hiver à Grenoble, où il devait trouver les matériaux pour remplir sa tâche.

Dès 1820, Laurent était entré dans une autre association secrète conduite par Buonarotti, alors à Genève et professant une doctrine qui n'était autre que le *Babovisme*, condamné à Paris sous le Directoire ; l'exécution de Babeuf eut lieu le 25 mai 1797. En acceptant cette affiliation, Laurent avait eu le soin de faire les réserves nécessaires.

II

L'année 1825 marque dans l'existence de Laurent son entrée dans le saint-simonisme : il devint le disciple des fondateurs du *Producteur*, publication saint-simonienne. Après avoir lu le prospectus de ce recueil, il se trouva en mesure d'envoyer une espèce de réfutation des idées babovistes à son vieil apôtre retiré de Genève à Bruxelles. Il n'y avait guère alors à Paris que quelques démocrates adhérents à la doctrine et à la direction de Buonarotti : Godefroy Cavaignac, Bastide, Charles Teste, Guinard, etc. Il avait joint à sa réfutation quelques idées saint-simoniennes sur les points controversés.

Le *Producteur* paraissait une seule fois par semaine, le samedi. Les principaux rédacteurs étaient Olinde Rodrigues, Enfantin, Bazard, Buchez, Rouen, Auguste Comte ; Cerclet était le secrétaire de la rédaction. Ce nombre se réduisit bientôt : Auguste Comte, Cerclet, Buchez, Rouen se retirèrent, quand vint la solution donnée à la question religieuse par la majorité du collége saint-simonien ; Buchez, ex-matérialiste, se fit spiritualiste intolérant.

Laurent avait fait insérer une appréciation, dans le *Producteur*, de la philosophie commode de M. Azaïs ; il apprécia à sa juste valeur cette morale mensongère qui nie le mal pour se dispenser de le combattre et de le remplacer par le bien.

Le *Producteur* cessa de paraître et ses rédacteurs se dispersèrent ; mais ils reprirent plus tard leur enseignement philosophique. Laurent revint dans sa ville natale.

Dans une série de lettres publiées en 1827, d'abord sous un pseudonyme, il fit une réfutation complète de l'*Histoire de France* de l'abbé de Montgaillard, depuis la fin du règne de Louis XVI jusqu'en 1825. Il combattit les fausses doctrines de l'abbé et ses appréciations ridicules ou iniques sur les événements et les personnages historiques de l'époque contemporaine, de la France régénérée. A cette occasion Laurent tenta la première réhabilitation de Robespierre, de gigantesque mémoire, de cet homme qui osa proclamer l'existence de l'Etre suprême au milieu des ruines amassées par l'athéisme révolutionnaire.

Dès 1828, Bazard avait eu des réunions chez Carnot pour ébaucher un exposé de la doctrine saint-simonienne. Il écrivit à Laurent pour le presser de rentrer à Paris et de participer à la reprise de l'œuvre. Laurent s'empressa de revenir et il prit part, dès 1829, au mouvement doctrinal qui s'accentuait de plus en plus. Le collège saint-simonien fut constitué de nouveau : il était composé d'Olinde Rodrigues, Enfantin, Bazard, Marguerin, Rodrigues jeune, Laurent.

Bazard fut chargé d'exposer l'ensemble de la doctrine dans des conférences hebdomadaires qui eurent lieu rue Taranne.

En cette année 1829, Laurent ne se borna pas à prendre part au mouvement saint-simonien, dirigé par le collège ; il fonda un journal auquel il donna un titre dont Saint-Simon s'était déjà servi : l'*Organisateur*. Il fit ce journal avec son ami Victor Augier, qui avait à sa disposition la moitié de la feuille pour y traiter la question des méthodes d'enseignement, la première moitié étant réservée à l'œuvre doctrinale ; mais ce partage bizarre ne dura pas longtemps, l'*Organisateur* devint bientôt exclusiment saint-simonien.

L'article par lequel Laurent constata son adhésion à la doctrine du *Producteur* avait pour titre : *De l'examen et de la foi* ; il s'attacha à y démontrer que la foi est l'état normal du genre humain et l'examen l'état transitoire. Il passa ensuite en revue les écrits les plus remarquables des penseurs célèbres du parti rétrograde ou de l'école critique : Bonald, de Maistre, Montlosier d'une part ; Lamennais, Cousin et Guizot de l'autre.

Ici se place un incident dans la vie de Laurent et dont il est nécessaire de parler à cause des appréciations diverses dont il a été l'objet plus tard. Le journaliste provençal Rabbe s'était chargé de faire pour une biographie l'article Napoléon. Rabbe avait pris un délai pour livrer ce travail ; l'éditeur le pressant et n'ayant pas commencé l'article, il chargea Laurent de le faire. Ce fut ce premier travail sur Napoléon qui fit plus tard choisir Laurent par Isaac Pereire d'abord, puis par Dubochet pour l'histoire de Napoléon illustrée qui se publia ensuite.

La préoccupation la plus vive de Laurent était, en 1829, celle qui l'attachait au saint-simonisme, mais il entretenait aussi soigneusement des relations avec les démocrates conspirateurs, tels que les affiliés à l'œuvre de Buonarotti, comme Godefroy Cavaignac. Bien plus, il était tenu au courant des agissements du parti ultraroyaliste clérical conduit par des évêques, maîtres absolus de l'esprit de Charles X.

La révolution de 1830 arriva. Les chefs du saint-simonisme, Bazard et Enfantin, avaient décidé que les saint-simoniens ne devaient pas se mêler à la lutte. Laurent ne put pas rester impassible au bruit de la canonnade et il se mêla au mouvement avec Carnot. Il chercha avec quelques amis à agir auprès de Lafayette pour faire triompher les principes démocratiques. Bazard et Teste allèrent le trouver à l'Hôtel de Ville. La réponse de Lafayette fut à peu de chose près celle-ci : « La bourgeoisie libérale, la majorité parlementaire des 221 a soulevé les masses populaires et renversé Charles X ; c'est là le véritable vainqueur qui va disposer des bénéfices de la victoire. Il faut s'efforcer de rendre ces résultats les plus favorables possibles à la vraie démocratie. Le peuple s'est bien battu, on l'a complimenté, cela suffit, on va le faire rentrer au chenil. »

Il se forma alors des sociétés populaires publiques dans lesquelles Laurent s'empressa d'entrer. Les députations à Louis-Philippe se multipliaient. Ne pouvant l'écarter du trône, il s'agissait de lui tracer une politique démocratique. Il se résigna au début à exploiter la popularité de Lafitte, Dupont de l'Eure, B. Constant, Béranger, etc. ; mais il était décidé à mettre sa politique personnelle sous la protection des noms de modérés de diverses nuances, tels que MM. Guizot, Molé, Thiers, etc.

Dès les premiers mois du règne de Louis-Philippe, Laurent comprit que la France serait réduite à subir

3

une nouvelle révolution pour faire de nouveaux pas en avant et il reprit son poste dans la famille saint-simonienne, pour s'y préparer à risquer la prédication. Peu de jours après l'avènement de Louis-Philippe, il prit pour sujet de ce début une vive réponse au reproche qu'on adresse vulgairement aux novateurs de se perdre dans l'utopie.

Les chefs suprêmes de la famille saint-simonienne avaient soumis les prédicateurs à une communication préalable de leur œuvre, ce qui les obligeait bien souvent à la modifier. Laurent ne voulut pas se soumettre à cette espèce de collaboration, il se contenta d'une communication complète la veille de la prédication, disposé toutefois à profiter des avis qui lui seraient donnés. L'un de ses discours les plus remarquables fut celui qu'il prononça sur l'*Etat de l'Europe*, dont il exposa la situation, Etat par Etat, sous le triple rapport politique, social et religieux. Indépendamment des prédications régulières du dimanche, il y avait des cours publics confiés à des membres du second degré. C'est là que s'exercèrent jusqu'à leur entrée dans le collége saint-simonien, Pierre Leroux, Jean Reynaud, Carnot, Lechevalier, etc. Puis il y eut d'autres prédicateurs saint-simoniens, entre autres, Edouard Charton, le sénateur d'aujourd'hui, Baud, Retouret. Des missionnaires partirent pour quelques provinces. La Normandie fut visitée par Guéroult, Michel Chevalier, Jules Lechevalier, Le Play. Ce dernier est devenu depuis, de nos jours, le coryphée d'une sorte de socio-néo-catholicisme, dont le Décalogue est la pierre angulaire ! Peut-être que M. Le Play, chef de ce qu'on appelle l'*union sociale*, croit encore faire du saint-simonisme dans ce milieu composé de braves cléricaux de nuances diverses.

Les militaires de distinction fournirent leur contingent au nouvel apostolat saint-simonien. Le colonel Lamoricière, alors en Algérie, écrivit des pages remarquables inspirées par la nouvelle doctrine.

Laurent partageait largement cette exaltation, et ses discours le témoignaient souvent. Son exposé de l'Etat politique et social de l'Europe porta surtout le caractère de la conviction qui l'animait. En sortant de la salle où il avait prononcé son discours, il se trouva en face de Buonarotti qui l'aborda très-sympathiquement. « C'est bien, lui dit-il, mais ce n'est pas l'œuvre principale pour arriver à la rénovation européenne que nous poursuivons. C'est par la lutte souterraine et invisible que nous poursuivons, que la délivrance des peuples arrivera. » Laurent répondit à l'infatigable conspirateur que sa pensée était en complet désaccord avec la sienne.

La propagation du saint-simonisme était donc fortement établie alors par les enseignements, par les prédications et par les journaux qui lui appartenaient : l'*Organisateur* et le *Globe*. La fondation du nouvel *Organisateur* fut l'œuvre de Laurent ; quant au *Globe*, ce fut Pierre Leroux, inspiré par Sainte-Beuve, qui le fit passer dans le domaine du saint-simonisme.

Le journal des doctrinaires donna tout d'abord un caractère plus démocratique à son libéralisme méticuleux. C'était toujours un organe de l'opposition vis-à-vis du gouvernement ardemment conservateur de Louis-Philippe et de ses divers ministres, tels que Casimir Périer, Molé, Guizot, Thiers, de Broglie, etc.

Laurent, Transon et quelques autres, s'efforcèrent de maintenir le *Globe* dans la voie démocratique. Il publia, à cette époque, un article sur Chateaubriand qui fit quelque sensation.

Mais l'avènement de Michel Chevalier à la direction du journal, par le choix des pères suprêmes, indiqua bientôt que la feuille saint-simonienne devenait autoritaire, peut-être dans l'intérêt éventuel des pouvoirs futurs constitués selon la doctrine nouvelle.

Michel Chevalier publia, probablement sous la dictée d'Enfantin que Bazard ne contredisait pas encore, une série d'articles fort remarquables sur la construction pressante des voies ferrées qui devaient sillonner le globe. Mais cette entente des chefs suprêmes n'était qu'à la surface ; au fond ils étaient en complet désaccord sur les questions touchant à la morale ; mais ils étaient obligés de le dissimuler tant qu'ils n'étaient pas dégagés des liens de la direction suprême. Ils avaient publié, en 1830, en effet, une lettre au Président de la Chambre des Députés pour protester contre l'imputation de tendre à la promiscuité, à la communauté des femmes. Ils se déclaraient partisans du mariage unitaire, tel qu'il était pratiqué civilement et religieusement. Bazard ne faisait par là que proclamer hautement sa pensée. Laurent croyait que pour Enfantin il n'en était pas de même.

Ce ne fut qu'en 1831 que la question morale agita vivement la famille saint-simonienne. Les deux chefs n'étaient plus d'accord sur des questions fondamentales. Bazard voulait que l'on s'en tînt à la déclaration d'égalité de l'homme et de la femme, sans trop se préoccuper d'affubler la prêtresse de prérogatives excessives. Enfantin pensait autrement, et quand on lui objectait la différence des abus possibles de l'autorité ou de l'égalité des femmes, il répondait que la femme de l'avenir serait complétement délivrée des préjugés qui nuisaient à son élévation, comme ils avaient nui à l'institution de son égalité. Alors Laurent lui disait : « Laissez faire le temps ; il ne faut pas cumuler en un jour ce qui doit être l'œuvre des siècles ; nul ne saurait être, à la fois, le précurseur Jean-Baptiste, le fondateur Jésus, le régulateur Grégoire VII. »

La divergence des opinions sur des matières fondamentales entre les deux chefs de la famille s'étendit bientôt aux membres du collége pour passer ensuite aux degrés inférieurs. Bazard avait pour lui les membres qui s'étaient élevés sous l'influence de l'esprit philosophique et démocratique : Carnot, Leroux, J. Reynaud, Dugied, Transon, Jules Lechevalier, etc. Sans être classé parmi ces collègues, Laurent partageait à peu près toutes leurs appréhensions sur les effets et les conséquences de la morale annoncée par Enfantin.

C'était, d'après Laurent, une situation bien anormale que celle faite à la doctrine saint-simonienne par la survenance de la révolution *morale* conçue par Enfantin et livrée à la discussion familière des membres des divers degrés, à partir du plus haut. Dans le collége la lutte prit un caractère violent chez quelques membres, tels que O. Rodrigues, Cazeaux, Dugied, etc. ; les dames eurent leur part de cette fièvre. Madame Bazard se retira du collége, Madame Saint-Hilaire devint malade.

Il y eut surtout une nuit fameuse où les deux chefs

discutèrent jusqu'à cinq heures du matin les grosses questions qui les divisaient. Ils luttaient en se croisant vivement dans un salon attenant à la bibliothèque, rue Monsigny. Laurent était là dans l'admiration avec J. Reynaud, Pierre Leroux, Carnot et autres membres du collège. Chacun de ces deux hommes portait en lui un monde tout entier, ce qui fit dire à J. Reynaud : *Quelle lutte ! ce sont deux mondes qui se battent !*

Au milieu de cette grande lutte intestine, l'apostolat saint-simonien suivait son cours. On prêchait toujours la doctrine telle qu'elle avait été arrêtée et enseignée jusque-là.

Ce fut au printemps de 1831 que Laurent fut chargé de porter à Lyon, avec J. Reynaud et Leroux, la prédication et l'enseignement du saint-simonisme, tel qu'il était professé à Paris. Sous l'empire de la même foi Laurent fut chargé un peu plus tard de diriger la mission de Belgique où il avait pour assistants Carnot, Leroux et Dugied, et dans laquelle Laurent put exposer la foi nouvelle à Liège, en dépit de l'évêque.

Mais vers la fin de 1831, la dissidence qui agitait profondément la famille saint-simonienne prit un tel caractère qu'une scission éclatante ne put plus être évitée. Les détails en ont été publiés en 1831 et reproduits dans la publication des œuvres de Saint-Simon et d'Enfantin.

L'attachement de Laurent à la personne d'Enfantin était tel que malgré la divergence de vues sur l'ensemble de ses idées nouvelles, il continua à le voir tant qu'il resta à Paris.

Je n'ai pas encore bien compris les protestations

qui s'élevèrent dans le sein de la famille saint-simonienne
contre les idées d'Enfantin. Quand je me reporte à
ces fameuses séances d'octobre et de novembre 1831,
qu'on peut appeler les séances du protestantisme
saint-simonien, que remarque-t-on dans les décla-
rations d'Enfantin lui-même, rien que des paroles
d'une grande sagesse. Nous allons le voir dans le
passage suivant :

« J'ai besoin de vous dire, remarque-t-il, que bien
qu'impuissants à formuler aujourd'hui *la loi morale
de l'avenir*, qui ne peut être révélée sans la femme, il
existe néanmoins pour nous une règle morale à laquelle
je prétends le premier m'astreindre, et à laquelle avant
tout je vous demande aussi de vous astreindre. Je
déclare que tout acte aujourd'hui, dans le sein de la
doctrine, qui serait de nature à être réprouvé par les
mœurs et les idées morales du monde qui nous entoure,
serait un acte d'immoralité ; car il serait funeste à la
doctrine en général ; pour moi, personnellement, je le
regarderai comme la preuve de désaffection la plus
grande qu'un de mes enfants puisse me donner. »

Quand Olinde Rodrigues dans cette séance vint proclamer Enfantin l'homme le plus moral de son temps,
certes, on se demande si les protestants saint-
simoniens étaient bien dans le vrai en faisant toutes
leurs réserves. Peut-être que Laurent dans cette
question ne s'est pas dégagé entièrement de quelques
préjugés bourgeois. Il n'avait donc pas adopté les
vues d'Enfantin sur la nouvelle morale de l'avenir et il
s'était retiré au Bourg-St-Andéol, gardant toutefois
son attachement au saint-simonisme en dehors de
l'apostolat régulier de Ménilmontant, sans accepter la

discipline, le costume et le célibat mis en vigueur dans cette retraite des saint-simoniens.

Pendant les procès intentés aux saint-simoniens en 1832, Enfantin avait écrit à Laurent qui lui répondit (1) :

« Plus que jamais je vous aime et je vous admire, quand une moitié du monde vous persécute et que l'autre ne vous comprend pas, et cependant plus que jamais je ne puis vous suivre. C'est une position assez bizarre que celle d'un homme que son affection la plus puissante pousse vers vous, en même temps que sa raison, dans ses moments d'audace, lui fait envisager sans trop d'effroi votre *folie*, et qui sent néanmoins que votre langue, votre loi, votre vie, ne peuvent plus être sa vie, sa loi, sa langue. D'autres trouveraient cette contradiction inexplicable; pour vous qui me connaissez mieux que qui que ce soit au monde, elle est toute naturelle. Oui, ma destinée est de vivre au milieu d'une société dont les travaux, les vices et les misères me contristent et me dégoûtent de plus en plus. C'est que la laideur *réelle* du présent me touche plus que la beauté *idéale de l'avenir*, et qu'il est dans ma nature d'abandonner le futur et l'idéal aux *prophètes* pour me jeter, en *tribun* impatient, sur le *positif actuel* et pour dénoncer amèrement le mal *prochain*, au lieu de chanter religieusement la félicité *lointaine*.

« Je resterai donc séparé de vous que j'aime de toute mon âme, de vous qui avez triomphé seul, quoi que vous en disiez, de mes penchants anti-

____

(1) VIIIe volume des Œuvres, p. 38.

hiérarchiques et de ma nature rebelle ; car, alors
même que je ne puis vivre sous votre autorité, je
recherche et je saisis toujours avec bonheur l'occasion
de proclamer votre immense supériorité. Cette pro-
clamation, il est vrai, rencontre aujourd'hui force
incrédules depuis que vous avez paru à la Cour
d'assises, pour y enseigner vos juges, comme Jésus,
au lieu d'y plaider comme *Courier*.....

« Au reste, ces boutiquiers qui vous jugent, ces
docteurs qui vous outragent, ces soldats qui vous
bloquent à domicile, ce peuple qui vous poussait dans
les rues, tout cela me révèle de plus en plus la
profondeur de nos plaies et de nos misères, et la
nécessité d'une rénovation qui délivre le peuple et ses
maîtres de leur commune ignorance, de leur aveu-
glement, de leur perversité. Vous annoncez, vous,
cette rénovation, vous en indiquez les bases, et vous
croyez voir déjà le monde soumis à votre loi ; mais
pendant que vous jouissez prophétiquement du succès
de vos doctrines, les cris de douleur qui m'assiègent
de toutes parts absorbent mon attention, et je me sens
entraîné à porter vite de la charpie sur les plaies dont
vous préparez la guérison radicale.

« J'avoue humblement que la petite part m'est échue
dans cette division du travail ; mais c'est une affaire de
vocation et je m'y soumeis. (1)

« Frère, père, ami, qui que vous soyez, je vous em-
brasse de toutes mes forces. »

La réponse à cette lettre fut confiée à d'Eichthal

____

(1) Laurent allait se présenter alors aux élections de l'Ardèche. Il
échoua cette fois, son heure n'était pas encore venue.

par Enfantin, qui se réserva d'y ajouter un post-scriptum dont je transcris ce passage :

« ..... Je suis heureux de l'affection de ceux qui m'entourent, qui parlent ma langue et vivent de ma vie, mais vous êtes trop fin dans l'étude du cœur, mon cher Laurent, pour ne pas sentir combien la parole de tendresse de celui qui me dit ne pas parler ma langue, ne pas vivre de ma vie, et qui pourtant me prouve qu'il m'aime, doit me faire du bien ; il me semble entendre la voix d'un monde qui n'est pas encore, mais qui naîtra, d'un monde, touché de respect pour notre œuvre et d'amour pour nous, pratiquant, toutefois, une autre vie que la nôtre, mais gémissant de ce que tous ne sont pas prêts encore à parler notre langue, et se condamnant, pour la même foi que nous, à pousser l'humanité en lui criant le patois qu'elle bavarde encore. Vous avez bien raison, vous êtes le représentant de ce peuple palingénésique, dont les misères présentes vous inspirent, de ce peuple qui pleure parce qu'il a faim, qui menace parce qu'il a faim et qu'on tue parce qu'il a faim.

« Mais, pour Dieu, mon cher Laurent, pensez à moi, lorsque vous vous identifiez si puissamment avec celui dont vous représentez la douleur ; songez qu'il y a un homme, qu'il y a des hommes qui sentent toutes ces douleurs du peuple, et qui pourtant sont assez calmes pour appeler de toutes les forces que Dieu leur a données, le vrai *sauveur* du peuple, la femme ; pour l'appeler, tandis que vous-même n'invoquez point ou ignorez le sauveur du peuple, la *femme*. Parlez, tonnez, menacez même de ses foudres ceux qui n'aiment pas votre sublime client, mais qu'un rayon de foi serve d'éclair à

celle tempête de votre âme, et vous serez plus grands
que les tribuns, vous ne les copierez pas.

« Frère, père, ami, qui que vous soyez, je vous em-
brasse, me dites-vous. *Je suis tout cela pour vous.* »
P. Enfantin.

La profondeur des vues d'Enfantin sur la femme a
généralement échappé à ses disciples. Il est clair que
lorsque Enfantin dit: Le sauveur du peuple sera la
femme ; il veut indiquer sous cette forme trop brève,
que le *sentiment* que représente à un si haut degré la
femme, doit être le lien qui doit unir les hommes, les
relier, que la femme est *religieuse* par essence, et
qu'elle doit présider, elle qui a tant souffert de l'ignorance et de la dureté de l'homme, à la naissance de la
religion nouvelle ; celle qui a pour but l'amélioration
du sort de ceux qui souffrent.

Laurent s'était retiré au Bourg-Saint-Andéol, après
la rupture qui eut lieu entre les saint-simoniens, à l'occasion des idées morales d'Enfantin. Il resta dans son
pays deux ans, exerçant sa profession d'avocat. En
1821, sa jeune épouse mourut au bout de quinze mois
de mariage. Son isolement lui devenait insupportable,
il y mit fin dans les premiers jours de 1835 en contrac-
tant un second mariage.

Mais à peine eut-il contracté cette nouvelle union
qu'il fut pressé par des amis de Paris de rentrer dans
la carrière turbulente de la politique. Jean Reynaud l'en-
gageait vivement à reprendre le chemin de Paris et à
se charger de la défense de quelques accusés du pro-
cès-monstre dans lequel étaient compromis plus de cent
individus de Paris ou de Lyon, arrêtés depuis le mois

d'avril 1834 pour complot ou attaque contre l'ordre établi.

Laurent partit, il retrouva Paris comme il l'avait laissé à la fin de 1832, c'est-à-dire dans un état d'anarchie dans le domaine des opinions, des craintes et des espérances. Laurent resta peu de temps à Paris, mêlé aux débats qui suivirent la constitution des défenseurs des accusés politiques.

Il revint au Bourg pour s'occuper d'une histoire de Napoléon illustrée dont Isaac Péreire l'avait chargé ; mais Péreire fut bientôt associé aux grandes entreprises de son frère sur les chemins de fer, et il transmit à l'éditeur Dubochet la publication de l'histoire illustrée, qu'il termina quatre ans plus tard avec le concours d'Horace Vernet.

Dès 1833, Laurent, lié avec les chefs du parti démocratique dans le Gard, MM. Carcassonne, Gignan, etc., avait fondé un journal hebdomadaire sous le titre de *Progressif*. Il transporta à Nîmes vers la fin de 1836 son double atelier de journaliste et d'avocat.

Après le retour d'Enfantin de l'Egypte en 1837, Laurent renoua avec lui ses relations d'amitié, sans toutefois parler de la nouvelle morale qui avait causé la dissolution de la famille saint-simonienne.

L'année 1837 se passa bien, Laurent plaida beaucoup et sa santé n'en souffrit pas. Mais en 1838, il fut forcé de s'arrêter, de s'abstenir de la barre, il crachait le sang. Il songea alors à entrer dans la magistrature. Il revint à Paris dans ce but, et afin de signer son traité avec Dubochet pour son histoire de Napoléon. Il fut reçu très-cordialement par Horace Vernet qui lui dit que ce qui l'avait charmé le plus dans son livre, c'était

le caractère purement transitoire de tous les royalis-
mes. Le livre parut à la fin d'octobre 1839. Il s'occupa
pendant cet hiver à Privas d'une brochure qu'il y fit
imprimer sous ce titre : *Du principe d'autorité, des
causes de sa décadence et des moyens d'y remé-
dier*.

Laurent fut nommé juge à Privas en avril 1840.

En 1847, il reçut la croix de Chevalier de la légion
d'honneur. Il n'avait pas l'habitude de porter sa déco-
ration, non pas que ce fût chez lui du dédain, pourquoi l'aurait-il acceptée alors ? Mais il n'y attachait pas
d'importance ; la notoriété qu'il avait acquise par son
talent était une distinction suffisante. Du reste, il ne
préjugeait pas la question de savoir si dans les sociétés
plus perfectionnées, on n'aura plus recours aux dis-
tinctions honorifiques.

III

Jusqu'à la révolution de 1848, la vie de Laurent se
passa dans le calme. Lorsqu'elle éclata il fit partie de
la commission provisoire à Privas. Martin-Bernard
étant arrivé dans l'Ardèche en qualité d'envoyé extraor-
dinaire, Laurent lui présenta la commission départe-
mentale. Tout à coup Martin-Bernard lui dit : « Mais,
citoyen, nous nous connaissons, nous nous sommes
vus à la rue Monsigny et à la salle Taitbout ». Laurent,
Gleizal et Volsi furent nommés commissaires dans
l'Ardèche.

Lors des élections à la Constituante de 1848, Laurent fut élu représentant du peuple.

La République de 1848 fut en proie, dès son origine, aux menées royalistes. D'un autre côté il y avait des tiraillements dans le sein du gouvernement provisoire : deux courants se faisaient lutte : l'un représenté par les hommes du *National*, A. Marrast, l'autre par les hommes de la *Réforme*, Ledru-Rollin, Flocon. Ce furent les hommes du *National* qu'il emportèrent après les sanglantes journées de juin. Le général Cavaignac fut élu chef du pouvoir exécutif.

Laurent était entré à la rédaction de la *République*, dirigée par Bareste. Il y défendit toutes les libertés publiques. Les articles les plus remarqués furent ceux qu'il publia sur le *général Cavaignac, Dieu, le Peuple et la République, la tradition révolutionnaire*, etc. Il apportait une grande modération dans le langage à l'appui d'une grande vivacité républicaine et de franches aspirations vers le bon socialisme. Il travaillait aussi à la rédaction du *Crédit*, publié par Duveyrier sous l'inspiration d'Enfantin.

A l'Assemblée constituante, il parla contre le bannissement de la famille d'Orléans, contre la mise en accusation de Louis Blanc, présentée par les modérés de la Commission exécutive. Il prit la parole dans quelques graves discussions, telles que celles sur l'instruction publique et toutes celles où la question sociale était intéressée.

En mai 1849, Laurent fut élu représentant à l'Assemblée législative. Il vota constamment avec l'extrême gauche.

Le 25 février 1850, à l'Assemblée législative, il prononça un discours fort applaudi par la gauche, très-interrompu par la droite, dans la discussion du projet de loi sur l'instruction publique. Dès cette époque Laurent, prévoyant les progrès du jésuitisme en France, s'adressait à la philosophie calme, au patriotisme prévoyant et il demandait, dès cette époque, qu'on ajoutât à la loi cet amendement : *Sont incapables d'enseigner, les membres des associations religieuses prohibées par les lois et édits.* En voyant le désordre social qu'a causé l'enseignement des jésuites en France depuis 1850, surtout pendant le second Empire, et qu'il cause encore de nos jours, on peut dire que Laurent avait été bien inspiré. Ce projet de loi sur l'instruction publique avait été échaffaudé par M. de Falloux, ce représentant du génie de Loyola, et il était défendu par M. Thiers, c'est-à-dire par l'esprit de Voltaire, alliance hybride que le tempérament de l'époque pouvait comporter à ce qu'il paraît. Du reste, M. Thiers agissait au nom de la liberté, de cette liberté inconsciente de 1830. En définitive, la lutte est acceptée, laissons faire l'esprit libéral, il finira par triompher des jésuites, quelle que soit leur forte discipline : d'abord les jésuites ont déjà tué eux-mêmes la papauté par les miracles, l'infaillibilité, le Syllabus, etc. La lumière aura raison des ténèbres.

Laurent occupa les fonctions de conservateur de la Bibliothèque du Luxembourg en 1852, puis en 1853 il fut nommé administrateur de la Bibliothèque de l'Arsenal. Il avait entretenu, pendant son mandat législatif, de bonnes relations avec le prince L.-N. Bonaparte, fondées sur l'espoir qu'il apporterait dans son élévation politique le désir de réaliser les idées novatrices de ses écrits.

Des journalistes légers, comme ils le sont presque tous, ont reproché à Laurent de s'être mis du côté du vainqueur après le coup d'Etat de décembre 1852. Mais pour bien apprécier l'attitude de Laurent, il faut se placer à des points de vue bien autrement élevés. D'abord voici ce qu'il dit lui-même (1) :

« Quelque douleur que la plupart des saint-simoniens eussent éprouvée du coup d'Etat de décembre, elle ne pouvait pas être assez profonde pour les faire renoncer à la mission politique, sociale et religieuse dont ils avaient eu le courage de se déclarer investis à la face des railleurs sceptiques et des persécuteurs fanatiques ou hypocrites. Je pensais et Guéroult partageait cette conviction, que le citoyen le plus attristé ne devait pas s'abîmer dans son affliction. Nous rappelions aux démocrates qu'il y avait quelque chose d'antérieur et de supérieur aux formes mobiles que revêt le pouvoir ; quelque chose qui a droit, sans distinction de régime, au dévouement persévérant des hommes de bonne volonté : *la loi invariable de la perfectibilité humaine.* Tant que cette loi, disions-nous, n'aura pas reçu sa complète application, tant qu'il restera des vices à extirper, des erreurs à dissiper et des misères à éteindre, celui-là sera sans excuse qui abandonnera l'atelier intellectuel, quittera la voie apostolique et refusera de s'associer au mouvement politique de son temps, parce que des changements, contraire à ses vues et à ses pré-

(1) Tome XXVI, p. xxiii, de la Collection des Œuvres de Saint-Simon et d'Enfantin.

férences personnelles, se seront accomplis, ou dans le mécanisme des institutions, ou dans le nom des gouvernants. »

Au point de vue purement politique, ce n'est sans doute pas là une attitude complètement correcte, car on doit être fixé sur la forme de gouvernement la plus apte à favoriser les réformes sociales ; mais il faut se souvenir que les saint-simoniens ont été autoritaires et qu'ils ont été convaincus que la révolution sociale et religieuse devait partir d'en haut. En cela ils ont été dupes d'une noble illusion, du moins pour le temps présent ; car dans les époques bourgeoises que nous avons traversées depuis 1789 et où nous sommes encore, il eût été difficile de rencontrer sur le trône un Constantin pour réaliser l'idée religieuse nouvelle qui venait à peine d'éclore. Rappelons-nous, pour calmer notre impatience, que Constantin lui-même faisait encore rendre les honneurs *divins* à sa famille en Afrique, au commencement du IV° siècle de l'ère chrétienne.

Laurent et Guéroult, comme, du reste, Enfantin, Duveyrier et Michel Chevalier, en acceptant l'Empire, ne firent en cela que suivre l'exemple de Saint-Simon qui, pour aller plus vite dans la réalisation de ses idées, s'était adressé d'abord à Napoléon I", puis à Louis XVIII. Les saint-simoniens firent ce qu'Enfantin appelait de l'apostolat royal, princier. Ils auraient voulu trouver sur le trône ou sur ses marches des princes en état de se convertir à la nouvelle doctrine comme autrefois Constantin qui avait fondé l'église chrétienne.

Enfantin, à son retour d'Égypte, adressa au roi Louis-Philippe une exhortation : il avait prêché au peuple, par lui et par ses disciples ; il crut le moment

venu de porter ses idées à l'oreille des riches et des
puissants et de commencer ce qu'il appelait l'apostolat royal. Brave Enfantin ! Avez-vous pu croire que
vous, qui prêchiez l'abolition de l'hérédité, vous
pouviez être écouté par des princes bourgeois qui
couvaient l'idée dynastique ?

Des esprits étroits ont pu prendre cette tentative
pour de l'adulation ; eh non ! ce n'était, comme je l'ai
dit, qu'une noble illusion que partagèrent Laurent,
Guéroult et autres, quand ils se rapprochèrent du
prince Napoléon, de ce prince intelligent, aux instincts
démocratiques, qui aurait pu devenir un tout petit
Constantin, s'il n'avait pas été aussi sceptique.

Dans les dernières années de sa vie, et depuis ses
déceptions bonapartistes, Laurent était revenu aux
idées républicaines de sa jeunesse et de son âge
mûr. Quoique regrettant que le suffrage universel eût
été établi trop tôt, avant cinquante ans de préparation
par l'instruction primaire, il pensait que le sort des
nations dépendait de l'intelligence et de la volonté de
tous, et que le Constantin de l'avenir serait tout le
monde.

La révolution de 1848, en instituant le suffrage
universel, a produit un fait immense : il substitue le
bulletin de vote au fusil ; il arrache des mains du
peuple l'arme de la violence. Ce fait aura des conséquences prodigieuses. Les masses, devenant plus
instruites, feront des choix de mandataires de plus en
plus intelligents, et la révolution sociale, devenue
évolution, qui devait, au dire des rétrogrades, se faire
dans le sang et dans le pillage, se développera
graduellement, sans secousse. Au lieu d'être la

machine explosible qui fera sauter la société française, comme le croient les timorés, le suffrage universel en sera la soupape de sûreté. Et puis, le suffrage universel n'amène-t-il pas, ne doit-il pas amener le règne des plus capables, c'est-à-dire le règne qu'ont annoncé les saint-simoniens?

« L'électeur sait, dit M. Bérenger de la Drôme (1), que le bulletin a plus de puissance, plus de portée que le fusil, et lorsque vous lui aurez assuré la liberté de son bulletin, il est bien certain qu'il ne songera jamais à recourir aux armes. Eût-il les griefs les plus criants, les plus fondés, il a le moyen de tenter au moins de se faire rendre justice par le bulletin, et ce n'est pas au moment où il peut, en liberté, le déposer dans l'urne, qu'il ira fomenter des insurrections. »

Pendant que Laurent était administrateur de la Bibliothèque de l'Arsenal, il collaborait à l'*Opinion Nationale*, dirigée par A. Guéroult, et à d'autres journaux. Il y publia des articles de haute politique et de philosophie, entre autres, trois articles importants sur le volume de M. Vacherot : *La Religion*.

Ce fut à peu près vers ce temps qu'eut lieu entre Laurent et mon ami M. Ernest Renan un duel philosophique. La question de la définition de Dieu avait été discutée dans l'*Opinion Nationale*, et Guéroult avait répondu à M. E. Renan assez victorieusement. Le duel dont je parle, j'aime à me servir de ce mot pour les querelles de doctrine, et j'aimerais que nos mœurs permissent de remplacer l'épée par la plume ou la parole toutes les fois qu'il s'agit de discussions

---

(1) *Journal officiel*, séance du Sénat du 15 mars 1878.

impersonnelles, le duel dont je veux parler eut lieu en présence d'un cercle de notabilités intellectuelles, parmi lesquelles se trouvaient Charles Duveyrier, le grand écrivain lyrique du saint-simonisme, et le vénérable Martin Paschoud. La question à débattre était l'existence de Dieu, et, autant qu'il m'en souvienne, Laurent prouva à M. Renan qu'il avait confondu, dans sa discussion, la notion de Dieu avec l'existence de Dieu. Du reste, je suis persuadé que les deux champions devaient être d'accord sur la définition de Dieu, qui, pour les saint-simoniens et pour M. Renan, *est tout ce qui est*. Laurent triompha de son adversaire, moins enclin que lui à affirmer ses croyances. Il faut, toutefois, avouer que les connaissances de M. Renan en philosophie, que son érudition étaient autrement vastes que celles de Laurent. Mais il est à remarquer que les saint-simoniens, partant de points de vue nouveaux et féconds, ont toujours été les maîtres dans les discussions philosophiques et théologiques. Qui ne se rappelle les superbes combats livrés par Enfantin aux théologiens éminents de notre époque : le P. Gratry, le P. Félix, et ses lettres à M. Dupanloup. Cette belle dialectique d'Enfantin était autrement serrée, autrement forte contre la théologie officielle, que toutes ces piqûres d'épingle des philosophes éclectiques, des universitaires, des voltairiens, des sceptiques et des athées.

Laurent, pendant son séjour à la Bibliothèque de l'Arsenal, publia quelques ouvrages importants, tant sur la politique que sur l'histoire contemporaine : *Réfutation des Mémoires du maréchal Marmont, duc de Raguse*, 1857; — *Pourquoi la France est restée catholique*, 1861 ; — *La Maison d'Orléans devant la légitimité et la démocratie*, 1861, etc.

Mais, à partir de 1865, il entreprit une œuvre considérable, de concert avec Henri Fournel : celle de publier les œuvres de Saint-Simon et d'Enfantin. Les notices historiques sur le saint-simonisme, Saint-Simon et Enfantin, placées en tête de la publication, et qui n'embrassent pas moins de treize volumes ou fascicules, sont l'œuvre de Laurent. Henri Fournel publia la plus grande partie des travaux de Saint-Simon, et Laurent la correspondance, les œuvres d'Enfantin, l'exposition de la doctrine, une partie des prédications et quelques autres travaux de Saint-Simon, en faisant précéder certains volumes de préfaces sur des questions du jour.

Cette belle publication, à laquelle Laurent a travaillé jusqu'à sa mort, a coûté une somme relativement considérable, prise sur les legs qu'Enfantin et Arlès-Dufour avaient faits pour propager la doctrine saint-simonienne. Bien qu'elle ne soit pas aussi bien coordonnée qu'il eût été désirable, cette publication est un beau monument élevé au saint-simonisme ; Laurent aura l'honneur, pour la plus grande part, d'avoir contribué à son érection.

Jusqu'à ses dernières années, Laurent se préoccupait de propager les idées saint-simoniennes. Il aurait voulu faire un enseignement doctrinal public, et malgré ses quatre-vingts ans, il caressait encore l'idée de se faire applaudir comme autrefois à la salle Taitbout. Dans les derniers mois de sa vie, il aurait voulu, en tête des *Prédications* (publiées en trois volumes dans les Œuvres), placer une étude sur la liberté religieuse, et quand je l'encourageais à s'en occuper, il me répondait tristement : « Hélas ! ma séve est épuisée ! »

Il est mort, entouré de tous les siens, ou plutôt s'est transformé, le 9 août 1877, préoccupé de la pensée de laisser un chef à l'Ecole. « *Quel sera le chef de la doctrine ?* » Telles furent ses dernières paroles, empreintes de quelque découragement.

— Tranquillisez-vous, Laurent, sur le sort des idées qui ont fait l'adoration de votre vie, le chef que vous laissez après vous s'appelle *Légion*. La doctrine libérale enseignée par Saint-Simon, propagée par ses disciples, a passé tout entière dans le sang social. L'élite des intelligences de l'Europe et de l'Amérique les a admises dans ses points principaux.

Ses obsèques, qui ont eu lieu à Versailles, le 10 août 1877, ont été purement civiles. Son cercueil est parti de la maison mortuaire, comme celui de Félicien David, couvert de fleurs, et entouré d'amis qui partageaient sa foi et qui le feront revivre dans le souvenir des hommes.

Laurent avait un talent incomparable pour manier les abstractions. La politique, dont il parlait toujours avec feu, prenait sous ses paroles ardentes un corps, une vie; il semblait que les partis s'animaient à son souffle. Quand il parlait du jésuitisme et du royalisme, il en faisait des ennemis vivants qu'il prenait corps à corps. Dans sa discussion, il parlait souvent debout, comme au barreau; assis, il se levait pour discuter, souvent avec véhémence; il avait le geste du tribun, la réplique prompte et sûre. Il était d'une taille moyenne, sec, nerveux, impressionnable, passionné, mais d'une grande bonté ; enthousiaste à l'excès, et cependant revenant vite à la raison pratique, sous l'influence de son premier métier de juriste, qui le ramenait au calme, à la discussion. Mais il se rappelait souvent ce mot de Saint-Simon : « *Pour faire de grandes choses, il faut être passionné !* »

Ai-je bien fait connaître cet homme remarquable ? J'en doute ; il aurait fallu, pour parler dignement de lui, une plume plus habile que la mienne. Philosophe, il abandonna de bonne heure la stérile école éclectique, et retrempa ses éminentes qualités de penseur à l'école de Saint-Simon. Historien, il sut étudier dans l'histoire les grands aperçus sociaux, et appliqua souvent la méthode historique de Saint-Simon. Homme politique, il fut le défenseur des grandes idées sociales, et combattit toujours le royalisme et l'obscurantisme. Il ne fut l'admirateur de Napoléon I" que parce qu'il voyait en lui le propagateur en Europe des idées de la grande Révolution. Sa vie a surtout été occupée à la propagation de la doctrine saint-simonienne ; c'est là son rôle important, son titre glorieux ; et nous pouvons dire, en terminant, qu'il a bien mérité, par ses écrits et sa parole, de Saint-Simon et de l'humanité.

Gustave DUGAT

NOTE BIBLIOGRAPHIQUE

On a de Laurent de l'Ardèche les ouvrages et opuscules suivants :

I. — *Résumé de l'histoire du Dauphiné*. 1824.

II. — *Résumé de l'histoire de la philosophie*. 1826. Paris. Avec une dédicace à Victor Cousin.

III. — Articles publiés dans l'*Organisateur* (1re année). 1829 :

    1. 1º De la nécessité d'une nouvelle doctrine générale ; 2º de l'esprit rétrograde (nº 1).

    2. De la perpétuité des croyances chrétiennes ; des perfectionnements industriels ; les trois écoles. (nº 2).

    3. Les Torys anglais et les républicains de Sparte (nº 3).

    4. Mélanges de littérature et de politique (nº 4).

    5. De la crise industrielle de l'Angleterre. — Un mot des débats sur l'industrie (nº 5).

    6. Le théologien et la mère de famille (1er entretien) ; le *Mémorial catholique* (nº 6).

    7. Le voleur devant un tribunal d'éclectiques (nº 7).

    8. Le théologien et la mère de famille (2e entretien) (nº 8).

    9. Prédominance du matérialisme politique (nº 9).

10. Fabrique de vices et de crimes à l'usage des gouvernements ; — le sabre et le rabot ; — la *Quotidienne* cherche à échapper au reproche de matérialisme politique (n° 10).

11. Les apostats de la liberté (n° 11).

12. L'industrie de grand chemin ; — les actionnaires (n° 14).

13. Méprise du *Mémorial catholique*; — fragment d'une lettre sur la musique (n° 16).

14. Lettre à un catholique. — Revenus du pauvre (n° 21).

15. Du mariage des prêtres. — Un mot à un journal catholique (n° 24).

16. Lettre à un libéral (Madier de Montjau) (n° 26).

17. Une séance de police correctionnelle (n° 29).

18. Un disciple de Saint-Simon à ses anciens amis. — Caractère de notre époque (n° 32).

19. Correspondance (n° 46).

IV. — *Prédications.* — (1830 à 1832) :

Dans le premier volume — (XLIII° tome de la collection générale des œuvres de Saint-Simon et d'Enfantin) :

1. Réalisation de la doctrine saint-simonienne, p. 24.

2. Nous sommes les hommes de l'avenir, p. 47.

3. Liberté, égalité, ordre public, p. 77.

4. Apologie, p. 148.

5. État de l'Europe, p. 162.

6. L'intervention, p. 364.

Dans le troisième volume — (XLV° tome de la collection) :

1. Notre politique est religieuse, p. 7.

2. Parti politique des travailleurs, p. 98.

3. L'hérédité, p. 127.

4. La famille humaine (Barrault et Laurent), p. 190.

5. L'apostolat saint-simonien (Barrault et Laurent), p. 286.

V. — *De la politique extérieure et intérieure de la France depuis la révolution de 1830* (Revue encyclopédique, publiée par H. Carnot. Octobre 1831).

VI. — Discours prononcé devant la Cour d'assises de la
Seine, pour M. Ricard-Farrat (affaire du *Journal des
Amis du Peuple*). 1831.

VII. — *Réfutation de l'Histoire de France de l'abbé de Montgaillard* depuis la fin du règne de Louis XVI jusqu'en 1825. 3ᵉ édition. 1843. — C'est le recueil de
lettres écrites par Laurent en 1827. On y trouve le
premier essai de notre siècle où l'on ait tenté d'ex-
pliquer et de réhabiliter Robespierre.

VIII. — *Du principe d'autorité en politique; des causes de sa
décadence et des moyens de le relever.* 1844. Paris.
Duhochet. Publié en 1839 à Privas.

IX. — Discours à l'occasion du projet sur l'instruction publique, 1850, à l'Assemblée législative.

X. — *Histoire de Napoléon Iᵉʳ*. 1828, in-18. 2ᵉ édit. 1838,
in-8°. 3ᵉ édit. 1849, avec illustrations d'Horace Vernet et Hipp. Bellangé.

XI. — *Coup-d'œil philosophique sur la révolution de décembre* 1852. Paris.

XII. — *Réfutation des Mémoires du maréchal Marmont, duc
de Raguse.* 1857. Plon.

XIII. — *La maison d'Orléans devant la légitimité et la démocratie, depuis son origine jusqu'à nos jours.* 1861.
Dentu.

XIV. — *Pourquoi la France est restée catholique.* 1861.
Dentu.

XV. — Préface au tome XXIVᵉ de la collection des œuvres de
Saint-Simon et d'Enfantin. 60 pages, avec ce titre :
Le grand coupable dans les malheurs de la France
(l'athéisme).

XVI. — Préface au tome XXVIᵉ. 28 pages : *Le complice du
grand coupable* (l'ultramontanisme).

XVII. — Notice sur Adolphe Guéroult, de 1 à 91 pages, dans le
tome XXVIIIᵉ de la collection générale. — C'est un
chapitre curieux d'histoire contemporaine.

XVIII. — Préface au tome XXXIIᵉ de la collection Enfantin, sur
la famille d'Orléans et M. Thiers, 60 pages.

XIX. — Deux lettres de Laurent à M. Vacherot à l'occasion
        d'un article remarquable publié par ce philosophe
        dans la *Revue des Deux Mondes* du 15 octobre 1868,
        et intitulé : *Les crises religieuses au XIX* siècle*,
        p. 179 à 210 du tome XXXVI* de la collection.
             Trois articles reproduits dans le même volume,
        p. 210 à 250, à propos d'un volume de M. Vacherot :
        La Religion.

XX. — Préface à la publication du catéchisme des indus-
        triels, 3* cahier, d'Auguste Comte, tome XXXVIII*
        de la collection.

XXI. — Préface avec ce titre : *La République, le péril social
        et le nouveau christianisme*, tome XLI* de la collec-
        tion, de 1 à 27 pages.

XXII. — Préface au XLII* volume de la collection, avec ce titre :
        *Coup-d'œil historique sur le péril social et l'ultra-
        montanisme en France, depuis le moyen âge jus-
        qu'à la fin du XIX* siècle*, de 1 à 47.

Laurent a, de plus, publié dans un grand nombre de journaux
une multitude d'articles. Il avait commencé à rédiger des mémoires ; j'ignore s'ils sont achevés.

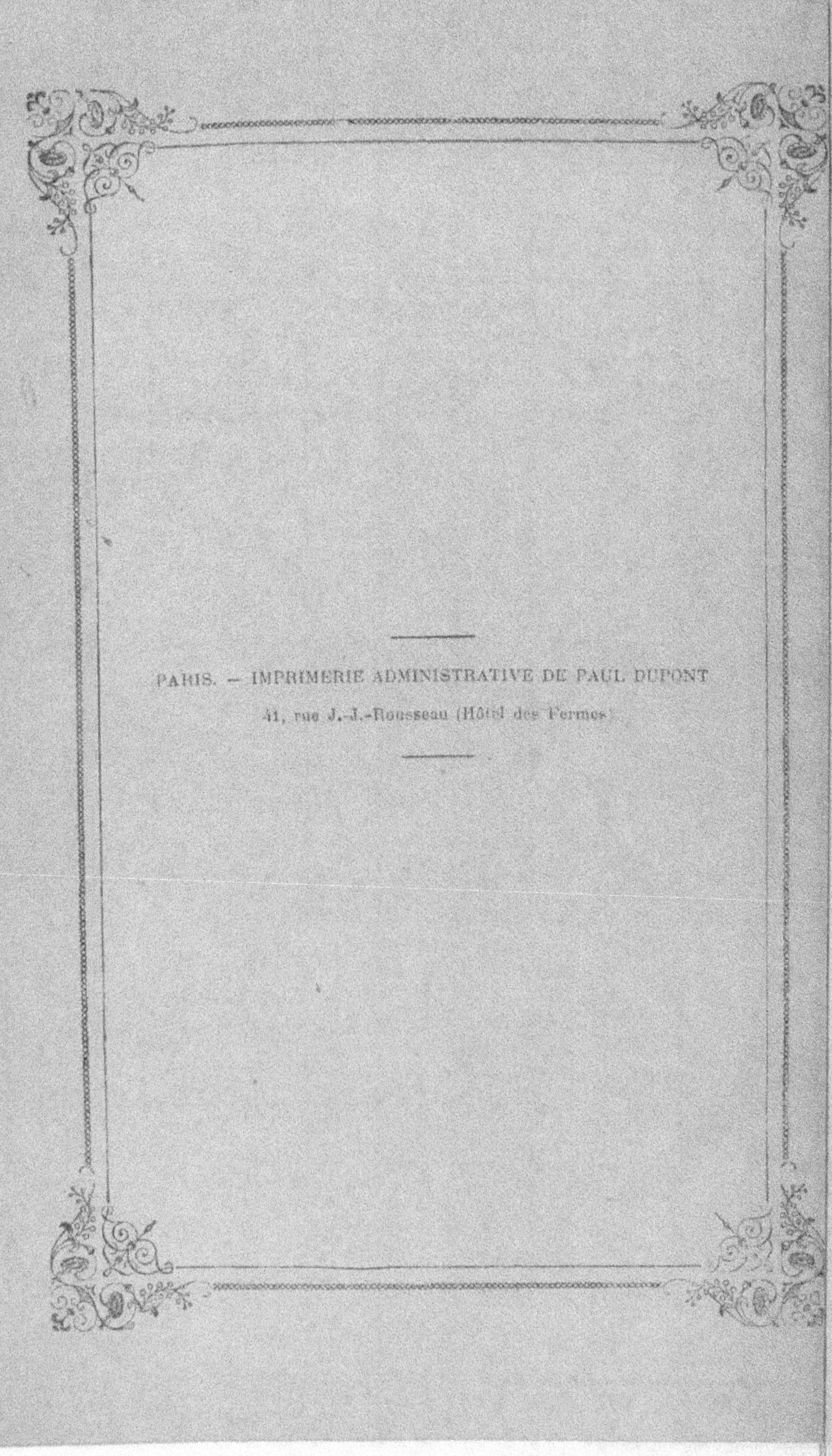

PARIS. — IMPRIMERIE ADMINISTRATIVE DE PAUL DUPONT

41, rue J.-J.-Rousseau (Hôtel des Fermes)